Inhalt

Wirtschaftsethik in Unternehmen - ein Auslaufmodell?

Kernthesen

Beitrag

Fallbeispiele

Weiterführende Literatur

Impressum

Wirtschaftsethik in Unternehmen - ein Auslaufmodell?

M.Dengl

Kernthesen

- Gerade in der Finanzkrise wurde das rücksichtslose Profitstreben einiger Manager von Politik, Gesellschaft und Kirche stark kritisiert.
- Einerseits sind alle an hohen Gewinnen interessiert, andererseits sollte dem strategischen Management auch die Corporate Social Responsibility (CSR) wichtig sein.
- Die Frage ist jedoch, ob sich der moralische Anspruch und das kaufmännische Interesse unter Wettbewerbsdruck immer

vereinbaren lassen.

Beitrag

Compliance und Wirtschaftsethik in Unternehmen

Die Finanzkrise ist auch eine Vertrauenskrise. Besonders die Banken haben einen herben Vertrauensverlust erlitten. Compliance ist ein Begriff für Strategien und Systeme zur Verhinderung von Verstößen gegen Richtlinien und Normen. Viele Unternehmen haben eine Compliance-Abteilung, jedoch ist deren Stellenwert oft nur schwer messbar. Der Stellenwert im Unternehmen hängt auch davon ab, ob Verstöße auch wirklich bestraft werden. Fakt ist auch, dass Compliance-Prozesse und -Aktivitäten bei zu restriktiver Handhabung zu einer Bremse des Unternehmenserfolgs werden können. Gleichzeitig ist regelkonformes Handeln nicht ein rein technisches oder prozessuales Thema, sondern es erfordert vielmehr einen strategischen, ganzheitlichen Ansatz in der Ausgestaltung. Eine einzelne Abteilung allein kann eine Vertrauenskultur weder neu etablieren noch modifizieren.

Nicht nur Gesetze müssen eingehalten werden, sondern auch ethische Normen, die sich das Unternehmen selbst auferlegt. Compliance stellt nicht nur die juristische Kernfunktion eines Unternehmens dar, sondern deckt auch das legitime Verhalten ab. Beispiele dafür sind der Schmiergeldskandal bei Siemens, die Spitzelaffäre bei der Deutschen Telekom, die Datenaffäre bei der Deutschen Bahn. Wichtig ist es, Verstößen vorzubeugen und sie zu bestrafen. Unabdingbar ist aber auch die Integrität. Management-Integrität wird heute als grundsätzliche Voraussetzung guter Unternehmensführung erwartet. Auch der Respekt des Unternehmens gegenüber der Gesellschaft, der Mitverantwortung für ökologische und soziale Fragen gehören zum Thema Compliance.
Eine Mitarbeiterin von Siemens zitiert Werner von Siemens: "Für einen kurzfristigen Erfolg verkaufe ich die Zukunft nicht." (1),(2)

Neue ethische Ansätze durch Konzepte wie Islamic Finance für Finanzunternehmen?

Besonders die Banken haben während der Finanzkrise hohe Imageverluste hinnehmen müssen. Ihnen wird vorgeworfen, nicht nach ethischen

Grundsätzen gehandelt zu haben. So erlebt das Thema Wirtschaftsethik wieder einen Boom. Doch was muss sich ändern? Denn bereits vor der Krise, hatten alle großen Finanzdienstleister eine CSR-Abteilung und Leitsätze für ethisches Handeln. Genutzt hat das nichts. Die Geschäftspraktiken der Banken sind durch die Krise zu Tage getreten und werden stark kritisiert.
Ein möglicher Lösungsansatz wird mittlerweile auch im islamischen Finanzsystem als Lösungsansatz gesehen. Diese orientiert sich tatsächlich an ethischen Maßstäben, die auf Verteilungsgerechtigkeit beruhen. Diese Banken, mit ihren islamischen Produkten, haben einen wachsenden Kundenstamm. Das wichtigste Merkmal der Islamischen Banken ist der Verzicht auf Zinsen. Der Begriff "Islamic Finance" umfasst sämtliche Arten von Finanzgeschäften, die mit den Regeln der Scharia, also des rechtlichen Rahmens, in Einklang stehen. Dieses Buch richtet sich an Führungskräfte und Mitarbeiter von Finanzdienstleistungsunternehmen und Unternehmensberatungen und ist als Grundlagenwerk zu verstehen. Bestimmte Investitionen, wie zum Beispiel in Glückspiel, sind einfach nicht erlaubt. Außerdem werden islamische Investitions- und Finanzierungstechniken und islamische Finanzprodukte und -dienstleistungen beschrieben. Auch islamische Anleihen und

Versicherungen sind ein Thema. Dabei spielt das Risikomanagement eine große Rolle. Alles Themen, die die westliche Welt gerade stark beschäftigen. Nachhaltigkeit und soziale Gerechtigkeit als Beurteilungskriterien für Finanzmärkte und Unternehmensführung müssen verankert und zudem eine Kontrollinstanz geschaffen werden.

Einige Richtlinien des "Islamic Finance" lassen sich auch auf deutsche Unternehmen übertragen. Ethische Grundsätze haben auch sie, nur leider scheint niemand zu kontrollieren, ob die Mitarbeiter sich auch daran halten. Insbesondere in Krisenzeiten erscheint daher Wirtschaftsethik nötiger als je zuvor. (3)

Sharholder Value versus Ethik und Geschäftsmoral schon in der Ausbildung?

Was lernen unsere Führungskräfte eigentlich in den Kaderschmieden? ist eine Frage, über die insbesondere in Krisenzeiten diskutiert wird. Gleichzeitig stehen auch wieder die Lehrpläne zur Debatte, weg vom reinen Zahlendenken, hin zum strategischen Denken und vor allem zum Menschen? Das Problem ist natürlich, dass in der Praxis die im

Investmentbanking, im Rechnungswesen oder im Controlling ausgebildeten Absolventen, diejenigen sind, die auch nach Einschätzung der Personalberater nach wie vor am besten vermittelbar sind. Wer sich dagegen für Menschen, Ethik, Geschäftsmoral und unternehmerische Verantwortung begeistert, wird meist nur schräg beäugt. Auch in den Kaderschmieden selbst gehen inzwischen die Meinungen aber weit auseinander. Die eine Seite möchte nach wie vor Spezialisten für Banking, Finance usw. heranbilden, wie vom "Markt" gefordert. Die Andere setzt dagegen zukünftig mehr auf ein Komplettpaket zu Führung und will strategisches Denken, unternehmerisches Handeln und Mitarbeiterführung vermitteln.
In den letzten zwei Jahrzehnten wurde allerdings mit dem Einzug des Shareholder Value-Gedankens überwiegend auf die Ausbildung in Geldthemen gesetzt und noch haben die Anhänger der quantitativen Steuerung in den meisten Unternehmen das Sagen. (10)

Trends

Studie stellt Wirtschaftsethik-Trend fest

Durch die Studie "IESE Management Excellence Cockpit-Studie 2010", hat die IESE Business School zu den Prioritäten von Topmanagern überraschend festgestellt, dass die Themen Wirtschaftsethik und Personalführung weit im Vordergrund stehen. Vorstände und Geschäftsführer in Deutschland dürfen sich aus neuen aktuellen Themenfeldern drei herausgreifen, die ihnen bei der Bewältigung der Herausforderungen besonders wichtig erscheinen. Neben dem strategischen Management (41 Prozent), votieren viele für die Wirtschaftsethik und den Personalbereich. Auf einen der letzen Plätze landet zum Beispiel die IT auf der Prioritätenliste. Ursache für dieses Ergebnis ist wohl die Wirtschaftskrise. Befragt wurden bisher 75 Personen, mit Abschluss der Studie im Sommer sollen es 150 sein. 40 Prozent der Befragten sind Topmanager in Großunternehmen, weitere 40 Prozent gehören dem Mittelstand an und 20 Prozent sind Dienstleister. (4)

Ingenieure entdecken die Wirtschaftsethik

Ingenieure haben nicht nur in technischen Fragen eine Verantwortung, sondern stehen auch bei gesellschaftlichen und strategischen Entwicklungen in der ersten Reihe. Zu diesem Schluss kommen die Teilnehmer der Podiumsdiskussion zum Thema

"Verantwortung" auf dem 4. Jahrestreffen der Initiative "Sachen machen". Bei dieser Diskussion geht es um die gesellschaftliche Verantwortung von Ingenieuren. Begriffe wie der Umweltschutz, Risikominimierung und Gefahrabwehr sind bereits bekannt. Leider wird aber die Technikethik oft als Verbotsethik empfunden. Daher soll zukünftig bei Ingenieuren von einer Innovationsethik gesprochen werden. (5)

Fallbeispiele

Siemens stiftet Wirtschaftsethiklehrstuhl

Siemens, das Unternehmen, das aufgrund von Entlassungen mit schlechter Publicity zu kämpfen hat, stiftet zeitgleich einen Lehrstuhl an der Technischen Universität München (TUM). Der Lehrstuhl wird mit insgesamt 1,76 Millionen Euro gesponsert. Das Geld stammt aus dem Privatvermögen, des Siemens Vorstandsvorsitzenden Peter Löscher. Der Peter-Löscher-Lehrstuhl für Wirtschaftsethik wird in der Fakultät TUM School of Education eingerichtet. Voraussichtlich soll der Stiftungslehrstuhl zum Wintersemester 2010/2011 besetzt sein.

Die Beweggründe einen Lehrstuhl zu stiften sieht Herr Löscher darin, dass "das traditionsreiche Leitbild des ehrbaren Kaufmanns gerade auch in dem heutigen globalen Kontext von Märkten und Wirtschaft weiter gepflegt, bewahrt, vorgelebt und weitervermittelt wird". (7)

Studenten gründen ein Wirtschaftsethik-Netzwerk

Studenten der Martin-Luther-Universität in Halle, haben ein Netzwerk für Wirtschafts- und Unternehmensethik gegründet. Ziel ist es, das Thema Wirtschaftsethik bekannter zu machen. Es sei wichtig, sich mit Themen wie Nachhaltigkeit, Klimaschutz, Armutsbekämpfung und Unternehmensethik zu befassen. Bereits jetzt haben die meisten größeren Unternehmen eine CSR-Abteilung. Wirtschaft und Ethik schließen sich nicht gegenseitig aus. Dennoch ist auffällig, dass wohl viele Unternehmen mit Nachhaltigkeit werben, aber wenig Konkretes vorweisen können. Die Studenten setzen bei ihren Veranstaltungen auf einen Dialog mit den Unternehmen. Sie lassen sich CSR-Strategien erklären und überprüfen deren Wirksamkeit. Zudem werden Workshops organisiert. (8)

Neues Wirtschaftsstudium an der HSBA

Die Hamburg School of Business Administration hat mitten in der Finanzkrise, einen neuen Masterstudiengang "Global Management and Governance" eingerichtet. Seit dem Jahr 2009 soll dieses Wirtschaftsstudium unter anderem dazu dienen, die soziale Verantwortung der künftigen Führungskräfte zu wecken. Neben Gewinnstreben werden den Studenten auch Werte beigebracht. Bei dem Master handelt es sich um eine duale Ausbildung. Die Studenten müssen pro Semester zwei Vollzeitwochen und acht verlängerte Wochenenden an der Uni präsent sein. Die restliche Zeit verbringen sie in ihren Unternehmen. Die HSBA möchte den angehenden Managern Handlungsalternativen aufzeigen, die sich nicht ausschließlich nach Effizienzkriterien richten, sondern ebenfalls Werte wie Verantwortungsbewusstsein und Nachhaltigkeit berücksichtigen. (9)

Wirtschaftsstudenten leisten Hippokratischen Eid

An amerikanischen Universitäten ist ein neuer Trend

entstanden, der so auch von deutschen Unis übernommen werden könnte. Amerikanischen Absolventen der Wirtschaftswissenschaften, wie zum Beispiel der Harvard Business School, sollen für Jobs in der Finanzwelt zukünftig einen hippokratischen Eid leisten. Ziel der renommierten Universität ist es, 6 000 Absolventen von 50 MBA-Programmen zu einem Schwur zu bewegen. Der Inhalt dieses Schwurs soll sein, dass sie ihren persönlichen Ehrgeiz nicht über die Interessen ihres Arbeitgebers oder der Gesellschaft stellen werden. So soll das Misstrauen der Bevölkerung gegenüber der Finanzbranche vermindert werden. Aber auch die Absolventen werden zu moralischen Handeln verpflichtet. Diese Kampagne wurde vom neuen Dekan der Harvard Business School erfunden und soll weltweit verbreitet werden. (6)

Weiterführende Literatur

(1) Neue Dimensionen der Compliance
aus Neue Zürcher Zeitung 13.04.2010, Nr. 84, S. 31

(2) "Vermögen bedeutet, etwas Sinnvolles zu tun"
aus Spiegel Online, 27.06.2010

(3) Islamic Finance als Weg aus der Krise
aus Börsen-Zeitung, 25.05.2010, Nummer 97, Seite 19

(4) Topmanager legen Wert auf "weiche Themen" und

lernen ungern
aus VDI NR. 06 VOM 12.02.2010 SEITE 17

(5) "Als moralischer Held ist der Einzelne überfordert"
aus VDI NR. 21 VOM 28.05.2010 SEITE 4

(6) Schwur auf Gesetz, Anstand und Moral
aus Süddeutsche Zeitung, 26.05.2010, Ausgabe München, Bayern, Deutschland, S. 22

(7) Siemens-Chef stiftet Lehrstuhl an der TU München Wirtschaftsethik im Blick der Forscher
aus Industrieanzeiger, Heft 10, 2010, S. 15

(8) Die Generation Post-Protest / NETZWERK Studenten wollen das Thema Wirtschaftsethik populärer machen. Mit Dialogen statt Kampagnen hinterfragen sie die Nachhaltigkeit von Unternehmen.
aus Mitteldeutsche Zeitung vom 26.05.2010

(9) Ausbildung zum ehrbaren Kaufmann Die Hamburg School of Business Administration bietet seit 2009 ein etwas anderes Wirtschaftsstudium an: Es soll das soziale Verantwortungsbewusstsein der künftigen Führungskräfte wecken
aus Welt am Sonntag, 16.05.2010, Nr. 20, S. HH6

(10) Sorge um den Klassenerhalt
aus Personalwirtschaft, Heft 07/2010, S. 37-39

Impressum

Wirtschaftsethik in Unternehmen - ein Auslaufmodell?

Bibliografische Information der deutschen Nationalbibliothek

Die Deutsche Nationalbibliothek verzeichnet diese Publikation in der deutschen Nationalbibliografie; detaillierte bibliografische Daten sind im Internet über http://dnb.d-nb.de abrufbar.

ISBN: 978-3-7379-1265-5

© 2015 GBI-Genios Deutsche Wirtschaftsdatenbank GmbH, Freischützstraße 96, 81927 München, www.genios.de

Alle Rechte vorbehalten. Dieses Werk ist einschließlich aller seiner Teile – z.B. Texte, Tabellen und Grafiken - urheberrechtlich geschützt. Jede Verwertung außerhalb der Grenzen des Urheberrechtsgesetzes bedarf der vorherigen Zustimmung des Verlags. Dies gilt insbesondere auch für auszugsweise Nachdrucke, fotomechanische Vervielfältigungen (Fotokopie/Mikroskopie), Übersetzungen, Auswertungen durch Datenbanken oder ähnliche Einrichtungen und die Einspeicherung und Verarbeitung in elektronischen Systemen.